AF281299

PROVINCIA

Colección

de Poesía

En el jardín de las hélices rotas

JAVIER GARCÍA CELLINO

En el jardín de las hélices rotas

 DIPUTACIÓN
DE LEÓN

 INSTITUTO
LEONÉS
DE CULTURA

León, 2024

El día 16 de septiembre de 2022, el jurado presidido
por D. José Luis Puerto e integrado por D. Bernardino
González, D.ª Susana Barragués, D.ª Sara Otero y D.
Emilio Gancedo, actuando como secretaria D.ª Cirenia
Villacorta, falló conceder, por mayoría absoluta, el
premio de la XXIV Bienal de Poesía 'Provincia de León' a
D. Javier García Cellino por su poemario *En el jardín de las
hélices rotas.*

© JAVIER GARCÍA CELLINO
Edita: Instituto Leonés de Cultura. Diputación de León
Fotografía: Ana Jambrina Huete

ISBN: 978-84-89410-89-3
DL LE 203-2024
Imprime: gráficas CELARAYN, s.a.

*El corazón del hombre no se ruborizará ya, no se perderá
ya, vuelvo de mí mismo, de toda la eternidad.*
Paul Éluard

A las personas que no se rinden nunca.
A quienes continúan prestándome su luz.

INTRODUCCIÓN

Diálogo con Joan Miró

Quien niega la belleza de un bosque marino
se transforma en un espectro sin porvenir.
Mejor alabemos el estupor de ese niño
que ve reflejada su inocencia en la cabellera
de líneas y de puntos
que se prolongan por la plaza pública para goce
de todos los espectadores.
Mejor invocar la fortaleza del color azul
que nació en una aldea sin contaminación
y la esbelta electricidad del amarillo maíz
que procede de las lascas prehistóricas
antes de que los estultos vacíen su contenido.
Mejor dejar entrar en nuestra casa
al onírico cazador
y a los pájaros y mujeres que se desnudan
hasta perder por completo su forma.
Quien se coloca delante de un cuadro tuyo
es capaz de escuchar el ruido de la lana
cuando despierta de su paz interior.
Ah la forma y el fondo.
Aléjense de ti quienes aspiren a comprender
la pureza de los espejos cóncavos.

UNO

Cuaderno de estupor

(Para entender a Beethoven)

Quien tiene un desierto más cerca del corazón
y por eso vive en el corazón de los demás.
Quien se postra sobre evangélicas partituras
al entrar en la iglesia.
O quien recorre en silencio una metáfora blanca.

(Para entender un ejercicio de exorcismo)

Quien siembra avestruces ciegas en el jardín.
Quien vomita cuchillos por la espalda.
O quien bendice nuevas eucaristías al despertar.

(Para entender a un hombre del Renacimiento)

Quien se interroga sobre la vida sexual de las máquinas.
Quien cruza por los parques
con un tratado de latín
debajo de los ojos.
O quien a la falsa perspectiva de los espejos
concede siempre una segunda oportunidad.

(Para entender una aproximación a la felicidad)

Quien besa a las muchachas que están siempre tristes
porque no saben quién inventó la fiebre.

Quien sueña con jarabes azules contra la tosferina.
O quien lleva pájaros enfermos en los bolsillos
y se los regala a los ángeles caídos
que nunca encontraron la paz.

(Para entender un cuaderno de estupor)

Quien se come la pulpa del cabello
para que queden solo
los líquidos de la elocuencia.
Quien en la lira del tiempo infinito
se abraza a la paz de los relojes blandos.
Quien se reconoce en las cosechas prohibidas
y en la bondad del acero industrial.
O quien duerme sobre un reino
de encendidos mármoles
y prolonga el tiempo del estupor.

DOS

En el entierro del conde de Orgaz

Dicen que a Dios se le apareció
el hueso de una araña
y que la fraternidad del verano
suspendió el examen de ingreso
en alguna cancillería africana.
Comenzaba a llover
en la casa de los sueños
cuando los poetas olvidaron
la tabla de multiplicar.
Y a todo esto llegaron los argonautas
para proclamar la fe en las rebajas.

Dicen que las muelas del conde de Orgaz
eran esclavas de sí mismas,
que en el infortunio de la hierba quemada
crecen periódicos que hablan de Marylin,
que a los rigurosos alpinistas del silencio
les gustan las manzanas negras
cuando administran los sacramentos.

En su descargo
el conde había prometido
escapar de su propio entierro
si el tiempo le era propicio,
lo que nunca sabremos.

La parábola de los niños escalera

Escribe sobre lo que no sabe
mientras su pecho cruza
por entre las noches del bañista hipnotizador.
Una escultura de Dalí
es una escultura de Dalí
aunque no lo parezca.
Una mujer desnuda
subida a un caracol marino
es una mujer desnuda
subida a un caracol marino
en una escultura de Dalí
aunque no lo parezca.

Médicos y enfermeros
asisten a simposios
para descubrir por qué a la cal de los espejos
le salen arrugas en el intestino grueso.
Los locos echan la culpa a los destornilladores.
Einstein demostró que la parábola
de los niños escalera
es apenas un descanso
en mitad del sueño.

Aún no se atreve a vivir
en el extrarradio de los desheredados.

Para una república feliz

Por orden del Funambulista Mayor
se ha decretado el estado de sitio.
Se asegura que un grupo de poetas ciegos
ha descubierto La Verdad con Mayúsculas,
lo que haría peligrar gravemente
los intereses nacionales.
En adelante nadie confundirá el aluminio
con el rostro de Dios.

Los tejados de Chagall
flotando por entre la niebla,
la lealtad de los mármoles buzos
que atraviesan el desierto,
el coro juvenil cuando quema
las reglas del teatro...
Solo las revoluciones fracasadas
llegan más allá de lo previsto.

En la pálida orfandad de los siglos
desciende hasta el corazón de las abejas
y hazte allí depositario de tu suerte.

Cosas más o menos importantes

El niño que sueña consigo mismo
y lleva en la mano un pan al sol
es más importante que el ocio de las almonedas.
El domador de cerezas que se alquila por horas
es más importante que un chute parlamentario.
Lo que es justo y no deja de ser justo,
importa menos que un poema escrito
para sobrevivir a la fertilidad del barro.
Todas las verdades desnudas
equivalen a una copia de El Guernica.
No me atrevería a asegurar si es más importante
el oficio de las bordadoras de pana
que la nieve de los rododendros en el jardín.

Ceniza para el corazón del mundo

Pon a secar el corazón en un campo de ceniza.
Pregúntate a dónde van los niños
de primera comunión cuando crecen.
Recuerda la ternura
de los que no creen en nada.
No culpes a la vida
de todas las derrotas.
No hay sospecha de que los astros
se hayan enfadado contigo alguna vez.

Olvida Ulises tu regreso a Ítaca

Allí donde permanezca el recuerdo
de un poema memorable
y una madre se abrace a su hijo
que parte hacia la guerra,
bajo la encendida lepra de tu caballo,
donde sea posible desprenderse
de los inviernos largos
o el corazón tiemble
ante la amenaza del incierto porvenir,
olvida Ulises tu regreso a Ítaca.

Todo lo que giraba alrededor del mundo
se ha desvanecido en un sueño de metales negros.
Tú mismo has envejecido tanto
que las aguas del Helesponto ya no te reconocen.
¡De qué manera súbita
la tierra que sembraste
se ha convertido en abandonada inercia!

Hoy deformes islas cubren tu pecho.
Olvida que un día tuviste casa y esposa,
mesa y solícitos criados
que te servían los mejores vinos del sur.
Dentro de ti líquenes muertos
se juntan con otros líquenes muertos
mientras aquí se acaban los juegos
de la impetuosa servidumbre humana.
Detente. Ni siquiera ya los dioses
aguardan tu regreso.
El oro de los recuerdos es ahora
un espacio de dolor donde crece

la arrogante rosa del invierno.
Más cerca de nosotros
un batir de cuervos alza su látigo
sobre el campo de batalla.
En torno al país de los Lotófagos y los Cicones
solo vemos ira y desolación.
La piedad es una flor que clama en silencio.

Ah esa máquina de cal
donde reposan los sueños perdidos.

Naturaleza muerta

Alabo las tolvas marinas
que caen sobre tu cabeza.
Si te asomas a la ventana
verás cómo los plátanos de Abisinia
se confunden con el tráfico
de los camiones al atardecer.

A la incurable sed de los manicomios
le siguen las sentencias de los jueces canguro.
Del poeta que visitó la tumba de Keats
nunca más se volvieron a tener noticias.

El mercado de bueyes
es una fruta madura
en la paleta de Géricault.

Instrucciones para pisar los charcos

Olvida el líquido de los paraguas
antes de morir.
No te fíes nunca de los obispos
que se emborrachan en la fiesta de cumpleaños
de los semáforos verdes.
El día y la noche se confunden de continuo.
El desorden manda en los relojes de pared.
Suerte a los tiovivos que se desposaron
con la Suprema Belleza de los mapas.

Abre los ojos el asustado colibrí,
sale a la calle el necio orangután,
cruza un río muerto el martín pescador,
la sed sobrevive en los espejos.
Será que las estrellas prematuras
no llegaron aún al cielo.

En todo caso el negro solo es negro
si consigue olvidarse de las peluquerías.

Instrucciones para mirar

No es verdad que todo
se reduzca a lo que vemos.
La niebla, las llaves que abren
las puertas al revés,
la sorpresa de Rómulo y de Remo
cuando se enteraron de que eran hermanos,
hasta el oficio de los enterradores
y los primeros incunables
todo está detrás de lo que vemos.

Tú y yo estamos detrás de lo que vemos.
Los bodegones de las naturalezas muertas
están detrás de lo que vemos.
Hacer el amor a veces
es estar detrás de lo que vemos.

La melancolía de los estadios
después de que Bach decidiera
suspender el último concierto
no interesa a los historiadores.
A La Reina de los Cerrojos
le sobran cuatro palmos de estatura.
El mundo bocabajo
y los cortadores de césped
están y no están detrás de lo que vemos.

TRES

El mito de Eurídice

El mito de Eurídice ha muerto,
aseguran los cíclopes
que se desnudan en el ojo de las cerraduras.

No olvides, oh Eurídice,
que el noble amor
usa zapatillas de cristal
y acostumbra a bañarse en las plazas públicas
acompañado por una tribu de locos
que se escaparon de sí mismos.

¿Por qué El Cancerbero lee libros prohibidos
hasta el amanecer
y después llora por los aviones que no tienen hambre?,
se preguntan los meses de junio y agosto.

En los mercados persas
el fuelle de la oscuridad
nos recuerda que el noble amor
es una invención de los poetas azules
cuando salen en procesión.

Nunca sabremos en verdad
si son los mitos quienes imitan
a la guillotina, o al revés.

Más cerca de una metafísica pura

Animal umbrío sobrevive
en las alambradas del exorcismo más beligerante.
Las aladas supersticiones de los metales
apresuran las paredes medianeras de su intimidad.
No quiere pisar la Luna antes de tiempo.
Sostiene que desearía morir abrazado
a la úlcera blanca de los caballos.
¿Por qué desconfiar de la cosecha impura
que canta en el invierno?

La edad de los conejos

Por mucho que se empeñen los contrarios
el desahucio de los desiertos
es una fotografía en blanco.
En el tiempo de los metales pesados
no es conveniente que el rey
se apunte a un cursillo de natación.
Dejad que la nieve siga su curso
hacia la hipótesis de las uñas enamoradas.

No todo es tan sencillo
como aseguran los profetas
de las universidades cojas.
Preguntad a los niños
por la edad de los conejos.
Dirán que aún están duros para guisarlos
y poco hechos para llegar a fin de mes.

Si los conejos hablaran
estarían de acuerdo por unanimidad.

LSD

Las estatuas son felices porque no tienen lágrimas.
Siempre hay un niño que sueña con lobos.
Dicen que los ángeles no llegaron al cielo.

Ditirambos

Loor para los que piensan
que está todo perdido
y para los que piensan
que no hay nada perdido,
para las pistas finlandesas
que no llegan a fin de mes,
para los que visitan las farmacias de guardia
y se quedan allí a dormir,
para los que dicen gracias
cuando nadie dice gracias,
para las agujas de plástico
que no vieron nunca la nieve.

Loor para los que bendicen
los despojos del azafrán nocturno.
Loor para los que aman
la sombra de sí mismos
y son deudores de su propia fraternidad.

Ksar Ghilane, el Meteorito

Fue siempre justo
con la disciplina de los contrarios.
Sobre la sutura del mundo
prefería acercarse a las náuseas
de los poetas jóvenes.
Desde el sílex hasta el romántico tardío
nada fue ajeno a su curiosidad.
En su extrañamiento celeste
sabía que estaba condenado
a roer la casa materna
hasta que desapareciera.

Autocrítica

Necesitaría el furor de la eternidad
para sembrar la tierra.
A veces somos despojos de nosotros mismos.
Una rosa de cristal que cae
sobre un piano viejo.
En la luz afligida del porvenir
sobrevive el poema inacabado.
Tenía miedo y alzó su arco
contra la hoz de los teatros.

Intemperie

Cuando la poesía no entra
en la casa de los justos.
Cuando entregamos nuestra dicha
al holocausto diario.
Cuando en los ojos de la piedad
sembramos monedas falsas.
O cuando al desnudo corazón
se aproxima una rosa de invierno.

Tiempos de desamor

Sueña el gavilán sobre la luz moribunda
de los tejados.
Más cerca al niño ciego le brotan flores salvajes
entre las manos.
Lo incalculable del ser
nada en las aguas de la abundancia.

Ah esas urces ensangrentadas.
Ah tantos líquidos abatidos
por el desamor de los cuerpos.

Renglones del poeta niño para una partitura inacabada

Entre la muerte prematura
y la porfiada roca de la felicidad
nadie mejor que el poeta niño
para analizar la disciplina del mundo.
Sabe que si se come la pulpa de los dedos
quedarán solo los matices,
pero no se atreve.
¿O acaso tú serías capaz
de verte desnudo en el espejo
durante mucho tiempo?

Liturgias profanas

Nada hallará quien entregue su cuerpo
a la superstición de los espejos.
Al velo de la eternidad se añade
la excepcional perseverancia
del imaginario cazador.
¿Para qué esos cuchillos blancos
que separan el frío de los caballos
y el agua en donde flotan las madres suicidas?

Pónganse en pie los poetas
antes de entrar en la casa de los derrumbamientos.

CUATRO

Carta de un poeta surrealista a punto de suicidarse

Estoy encerrado en una galaxia blanca al lado de las señoritas de Avignon.

Mientras tanto los astronautas que llegaron y no llegaron a la Luna pintan cuadros con cerveza para que los pájaros leprosos los subasten en las lavanderías de moda.

Después de la tormenta nadie podrá negar que las herraduras de los caballos robaron el vino de la pila bautismal.

El cerebro de los coches de choque continúa congelándose a la misma temperatura.

A los que abandonan el mundo antes de tiempo hay que ungirlos con la soberana belleza del estiércol de segunda generación.

Corresponde a los buzos nocturnos convocar el baile de disfraces de fin de curso.

Además aún no salió el sol así que dejaré para mañana los intentos de suicidarme.

En cuanto a los restos que quedarán en la mesa después del suicidio los cedo a la universidad para una tesis cum laude sobre el misterio de las patatas que hacen ejercicios al levantarse de la cama.

Quede constancia de ello por si a Dios le diera por recoger el polvillo de los pensamientos abstractos.

Carta de un poeta surrealista después de suicidarse

Hay frío en la dentadura de los caballos y a mi lado duermen niños epilépticos envueltos en bolsas de plástico. Aquí la belleza es un pájaro leproso que no tiene alas. Se equivocan los poetas cuando aseguran que la muerte es un iluminado verso.

Apenas recuerdo ya la pareja de patos salvajes que me regalaron mis padres por el cumpleaños y las estatuas que antes miraban al mar y ahora ya no miran al mar porque desaparecieron.

¿Dónde estarán las mujeres rumanas que pedían limosna delante de los Alimerkas y los árboles huérfanos que se extraviaban siempre en las autopistas?

Además sigue sin salir el sol y no sé si alguien de la universidad habrá recogido los restos que quedaron en la mesa después del suicido y que servirían para una tesis cum laude sobre las patatas que hacen ejercicios al levantarse de la cama.

Al menos confío en que Dios se haya olvidado del polvillo de los pensamientos abstractos.

CINCO

Tal el absurdo del corazón en tu presencia

En la magnificencia del rayo sanador
cúbrase el coro de arcángeles
perseverantes en la usura,
y cubrámonos también nosotros mismos.
El diligente verano ha dispuesto un apetitoso
festín de perdices abatidas por el miedo.
Mandemos callar a quienes a nuestro alrededor
den vivas al rey.
Solo es posible refugiarse en el juicio
que compromete a la eternidad
si asesinamos al testigo huésped.

Tal el absurdo del corazón en tu presencia.

La muerte verdadera

Escinde el viento su cayado
sobre la peña alta,
mientras otea los cerros ungidos
con la corona materna de la disciplina.
Sabe que la porfiada piedad
y la no menos perseverante juventud
se pasean a su alrededor
como gemelas independientes.
Es hora de saludar a la Abeja Reina.

Un surco orientado hacia la perplejidad del trueno.
Una herida más cerca de la encina celeste.

Adelante su cuerpo
quien quiera bañarse en el sol helado
de las repeticiones.

Soliloquio debajo de la lluvia

Me gustan los peces
que duermen en los quirófanos nocturnos
y las mujeres que atraviesan el desierto
con su armadura de maíz.
¿Dónde encontrar al último guardián de los inviernos
si ha muerto antes de nacer?
Los locos dicen que todo es todo
y que nada es todo multiplicado por diez.
Hay máquinas de vapor
que van a misa los domingos.
¿Qué fue de las bujías extranjeras
que enterraban cadáveres
entre los girasoles de Van Gogh?

Albor

Despiertan a un mismo tiempo la fecunda rosa
y el incurvado ruiseñor nocturno.
Encendidas orugas lavan su corazón
contra la hierba.
Atentos escaramujos replican
al lejano eco de los cazadores.
Nadie advierte la ausencia de la higuera real.
Oro y plata. Entre los iluminados matinales
resplandece el rubor aéreo de las abejas.

Caminando hacia el acaudalado ruiseñor surrealista

Arrogante en su malsana belleza
el mal se hunde en el fondo
del horno humano y allí se hace fuerte.
Álcense las manos amigas, oh Casiopea,
hacia el acaudalado ruiseñor surrealista.
Aquí yacen los fragmentos del espantapájaros
que vivió en el jardín de las hélices rotas,
más allá los materiales puros de la contradicción
aceleran su despertar,
y hasta es posible
que "El naufragio de Dios"
se estrene en la pantalla panorámica
del caudaloso Estrinón.

Quien no es capaz de alabar
el estupor de los contrarios
es un poeta menor.
Etiopía, Fenicia, o Egipto.
Entre las híbridas constelaciones
descanse hoy mi paz desnuda.

Expulsados del Edén

Sabíamos que en aquel tiempo
el mundo era una hoz tranquila,
un lugar donde pasado y futuro
se entretenían en amables
ejercicios de esgrima.
Que bastaba con acercarse
a los primeros incunables
para poseer la tierra,
y que la disciplina de los poemas
tenía un sitio en el corazón.

Más tarde conocimos la paciencia
de los anímales domésticos,
y la obligada servidumbre de las supersticiones.

Duelen los pájaros su sombra.
En los pechos de las estatuas
florece una fe pordiosera.
¿Dónde está el árbol del Paraíso
que daba frutos rojos en el invierno?

El pan de los poetas

.

Sé que el idioma de las telarañas
y las decisiones asamblearias de los imanes ciegos
gustan a los poetas.
Lo mismo que el entierro del submarino amarillo
en el comedor de patatas de Van Gogh.

Sé que los peces que tienen frío y no salen de casa
y la fraternidad de las rodillas
gustan a los poetas.
Y que son suyos el dolor de las madreselvas
y la astucia de los cuchillos industriales
que hieren por anticipado.

Sé que el pan de los poetas se recorta contra la pared.

Sé que hay ramos de aspirinas
para las bombonas de gas
y días de la semana que no subieron al cielo.
Sé que a veces los poetas se arrepienten
al llegar al último verso.

El sueño del cazador negro

La uña de los pobres
está hecha de sus propios excrementos.
Entreguémonos al sueño del cazador negro.
Es posible que al despertar
robe una de las orillas del bosque
o antes de cortarse las venas en el baño
recite un poema de Alfonsina Storni.
¿Quién vive entre la lavanda negra de los hospitales?
Ah esa flecha rapaz cuando reclama
una herida que no es nuestra.

Las rodillas de la imaginación

Asoma el corazón del lobo entre los pastizales.
La aurora de rosados dedos
lanza su certera flecha hacia el infinito.
Inclementes grajos se suman a la escena.
Huye el asustado colibrí.
La elocuencia de las piedras
precede a la furiosa tempestad nocturna.
¿Qué pretende este meteorito
que se aflige en mi pecho
y me invita a disfrazarme
con la perseverante lámpara de los cazadores?

A las rodillas de la imaginación encomendemos
la suerte final del combate.

ÍNDICE

EL JARDÍN DE LAS HÉLICES ROTAS, VOLUMEN
CLVIII DE PROVINCIA, COLECCIÓN DE POESÍA,
SE ACABÓ DE IMPRIMIR EL DÍA 31 DE MAYO DE 2025
EN GRÁFICAS CELARAYN, S.A.

COLECCIÓN PROVINCIA DE POESÍA:

Libros publicados

58

Cráter (1981-1983)

PROVINCIA, Colección de Poesía
Diputación de León
Instituto Leonés de Cultura
Edificio Fierro. C/ Puerta de la Reina, 1
24003 LEÓN (España)